Guerre de Trente Ans

Histoire pour les débutants

Circonstances, déroulement et conséquences de la guerre de Trente Ans et le long chemin vers la paix

Markus Neustedt

CONTENU

Ce qui vous attend dans ce livre

De sombres nuages jettent une ombre sur l'Europe du XVIIe siècle et colorent le continent d'un brouillard obscur. Lorsqu'ils éclatent, un déluge de sang et de sueur se déverse sur les pays, détruisant les paysages et anéantissant des villes entières. Jamais auparavant l'histoire de l'Europe n'avait connu une guerre aussi impitoyable. Entre la création d'États et les conflits religieux, des soldats sont envoyés vers une mort certaine et des villages sont rasés. Mais connaissons-nous bien les circonstances dans lesquelles l'Europe est emportée vers la catastrophe ? Comment les personnes directement touchées par les effets de la guerre se sentent-elles ?

L'horreur commence par une révolution qui ébranle la suprématie des Habsbourg en Europe centrale. De plus en plus de nations s'impliquent dans l'enchevêtrement des désirs de vengeance et des obligations de loyauté. L'entreprise militaire nouvellement apparue fait de la guerre une activité lucrative pour les princes et les ducs. Au fil des batailles, les inhibitions face à la brutalité et à la folie destructrice s'estompent. Lorsque les troupes catholiques se rassemblent devant les remparts d'un bastion protestant, une tuerie de masse dévastatrice se prépare. Et lorsque la France et l'Espagne se déclarent la guerre, la survie de la population risque d'être mise à mal.

Mais qu'advient-il de ceux qui ne vont pas au combat ? La population, frappée par la pauvreté, doit faire face à un ennemi inhabituel : sa propre nation. Des témoignages d'antan font état des terribles crimes commis contre les femmes dans les villages. Face à la guerre, les paysans perdent plus qu'ils ne possèdent et travaillent presque à mort. La situation est particulièrement dangereuse lorsque les maladies se répandent et que l'on recourt à nouveau aux bûchers.

Le long chemin vers la paix est difficile et pavé d'atrocités. Près de la moitié de la population européenne est victime de la guerre. Ce livre vous donne des impressions sur leurs vices, les leaders de la guerre et les principales batailles.

Le sombre chemin de l'Europe

PAUVRETÉ, FAMINE & PESTI-LENCE

Quelle image avez-vous de l'Europe du XVIIe siècle ? Imaginez un instant comment une guerre peut survenir. Ce faisant, vous vous souvenez certainement que les grandes guerres mondiales n'ont pas éclaté du jour au lendemain, mais qu'elles se sont construites sur différents événements et conflits des années précédentes. Il n'en va pas autrement au XVIIe siècle. Le chemin de l'Europe vers une guerre apocalyptique commence bien avant la soi-disant "chute de la fenêtre de Prague" de 1618, traditionnellement considérée comme le début d'une guerre.

Au cours des décennies qui précèdent la catastrophe, plusieurs crises frappent la population européenne et entraînent le continent sur une voie sombre. Les difficultés économiques, les conflits religieux et étatiques ainsi que les maladies endurcissent le cœur et l'esprit de tous les Européens.

Dès les années 1560, on enregistre des conditions climatiques exceptionnelles pour lesquelles on parle de "petit âge glaciaire". Les hivers à venir sont particulièrement rudes et longs, les étés généralement humides et peu productifs. Ce sont des conditions désastreuses pour une population qui dépend des rendements des agriculteurs locaux, voire de leurs propres cultures. La période de froid affecte également la qualité des forêts, des pierres et des métaux, rendant les matériaux utilisables plus rares. En 1612, le géographe contemporain Rüdiger Glaser note en outre une fréquence remarquable des tempêtes en Europe centrale et, en 1615, même les puits commencent à geler.

La situation est particulièrement difficile dans le Saint Empire romain germanique, qui a servi de terre d'immigration pendant plus d'un siècle. En particulier après la paix d'Augsbourg de 1555, l'Empire est devenu un nouveau foyer prometteur pour les protestants en Europe. La population augmente de près de 100% entre 1500 et 1618, mais le nombre croissant de citoyens diminue les chances de trouver un emploi rémunéré, à une époque où les hivers impitoyables et les étés difficiles font grimper les prix des denrées alimentaires.

En plus de la faim, un autre habitant mortel traverse les terres offensées : c'est la peste.

Elle est de retour et se propage par le biais des poux et des puces qui cherchent un abri chaud dans les manteaux luxuriants des gens qui ont froid. Le Jugement dernier s'annonce. C'est du moins ce qu'il semble aux témoins de l'époque qui, dans leur vision chrétienne du monde, interprètent les catastrophes naturelles comme des signes avant-coureurs de la fin des temps. Et cette idée n'est pas si inexacte.

CONFLITS ENTRE ÉTATS

L'Europe est témoin d'une liste considérable de guerres qui précèdent et ouvrent la voie à Trente Ans. Leurs motifs sont différents, mais elle ne fera qu'un avec le désastre dans lequel elles convergent toutes. Pour comprendre les causes de l'horreur des années à venir, il vaut la peine de retracer un aperçu sommaire des principaux conflits.

Émancipation des Pays-Bas

"Guerre de formation de l'État" est le mot-clé que l'historien Johannes Burkhardt a inventé à propos de la guerre de Trente Ans. En réalité, cela s'applique particulièrement aux Pays-Bas :

Au XVIe siècle, les Pays-Bas sont considérés comme faisant partie du Saint Empire romain germanique, conformément à une conception ancienne du droit. Néanmoins, l'attitude néerlandaise se distancie de plus en plus de cette appartenance. Les premières révoltes contre la domination des Habsbourg éclatent en 1566. La souveraineté nationale de cette importante nation commerciale est alors exercée par le roi d'Espagne Philippe II des Habsbourg. L'objectif de la révolte est d'obtenir l'indépendance des importantes provinces de Hollande et de Zélande. Elles luttent pour la liberté de leurs confessions et pour une plus grande autonomie politique, à l'encontre de la centralisation catholique voulue par Philippe.

À la fin du XVIe siècle, les provinces du nord des Pays-Bas résistent à la répression espagnole et forment une alliance d'inspiration calviniste qui se distingue nettement des autres provinces. Elles gagnent ainsi le respect de la couronne d'Angleterre et des Bourbons en tant qu'alliés. Cependant, la crise devient de plus en plus pesante pour le royaume d'Espagne. Lorsque l'Espagne s'immisce également dans les conflits religieux internes à la France, la grande puissance atteint ses limites. En 1596, les banques sont vides.

Le conflit semble toucher à sa fin lorsque les négociations de paix avec les Pays-Bas commencent en 1607 sous Philippe III. Le régent espagnol fait part au parti calviniste de son acceptation de l'indépendance de leur nation. Mais cela ne signifie pas la fin. Les conditions de paix des Espagnols ne conviennent guère aux Néerlandais. Ils ne veulent garantir ni la tolérance des catholiques, ni l'arrêt de leur commerce dans l'outre-mer espagnol. Le conflit se poursuit donc. Fin juillet 1617, Philippe III signe le traité secret d'Oñate avec les Habsbourg en Autriche. Il est prêt à sacrifier sa succession au trône de Bohême et de Hongrie pour obtenir des droits de souveraineté en Alsace, qui lui ouvrent une route de ravitaillement importante pour ses troupes aux Pays-Bas.

A l'occasion d'une possible nouvelle menace espagnole, le conflit entre les partisans et les adversaires de la paix aux Pays-Bas s'intensifie. L'éminent homme d'État Johann van Oldenbarnevelt plaide pour une politique étrangère prudente, tandis que Moritz von Oranienburg prend la tête du mouvement anti-espagnol. Après que ce dernier ait assisté à l'été 1617 à l'office religieux des opposants radicaux à la paix, un conflit ouvert s'engage entre les deux parties. Johann van Oldenbarnevelt est décapité à La Haye en 1619. Le verdict : haute trahison. Mais la guerre hispano-néerlandaise n'en est qu'à sa deuxième phase.

Bastions du christianisme
Celui qui choisit les Pays-Bas comme allié est depuis longtemps l'ennemi des Habsbourg. Deux

cents ans plus tôt, la France et l'Espagne commencent à se disputer l'hégémonie européenne. La souveraineté sur l'Italie et l'ouest du Saint Empire romain germanique est particulièrement convoitée.

En 1601, le vent tourne en faveur des Français. La France signe la paix de Lyon avec la Savoie. La grande puissance espagnole perd ainsi une importante voie d'approvisionnement passant par la Savoie. En outre, la France soutient de plus en plus d'adversaires des Habsbourg en Europe. Mais l'Espagne s'en sort tout d'abord. En 1610, le roi Bourbon Henri IV est assassiné. En réaction, une guerre civile éclate en France. Le conflit avec l'Espagne se calme pour le moment, car Louis XIII doit se préoccuper de la stabilisation de son propre État. Mais la guerre de Trente Ans n'a pas encore éclaté.

Les Goths contre le Danemark
Les régions du nord de l'Europe sont également en proie à des conflits permanents. Depuis 1600, la région de la mer Baltique est le théâtre de confrontations militaires. Le protagoniste est la Suède, grande puissance émergente, qui revendique ses

racines gothiques sur l'ancien empire. En face d'eux se trouve le royaume du Danemark. Le roi danois Christian IV régnait sur la Norvège et les duchés de Schleswig et de Holstein en plus de sa patrie. Il n'abandonnerait pas de sitôt sa région baltique. Après tout, les droits de douane sur le détroit du Sund constituent l'une des principales sources de revenus du royaume.

La Suède est devenue un adversaire digne de ce nom au cours des dernières années. En particulier sous la réforme de Gustave II Adolf visant à promouvoir le catholicisme et la centralisation, l'armée suédoise gagne en taille et en efficacité. Le Danemark n'est cependant pas la seule épine dans le pied des Suédois. En 1617, ils s'emparent de la Carélie et de l'Ingermanland contre la Russie, et la Pologne est bientôt en guerre contre eux.

"Longue guerre turque"

L'Empire ottoman représente une nouvelle menace pour l'Europe centrale. Sous le règne du sultan Süleyman le Magnifique, cette grande puissance venue d'Orient s'est avancée jusqu'aux frontières du Saint Empire romain germanique. Les pays sous la domination des Habsbourg, comme la Hongrie, doivent notamment se préparer à un éventuel conflit.

En 1593, le sultan Murad III rompt la trêve de 25 ans avec l'empereur et entame la "longue guerre turque" en lançant une grande campagne contre la Hongrie, la Bohême et l'Autriche. Ce n'est qu'en 1606 que le sultan est contraint de reconnaître l'empereur comme son égal et de lui payer un tribut unique.

DÉCOMPOSITION INTERNE

Au sein même du Saint Empire romain germanique, le conflit entre les confessions s'intensifie et ébranle les piliers consolidés des Habsbourg. Les fronts qui se forment vont dessiner l'image destructrice de la guerre de Trente Ans et contribuer à des violences impitoyables. La discorde repose sur une constitution que les deux parties tentent de retourner à leur avantage et que vous trouverez résumée ci-dessous.

L'ordre impérial et la recherche de compromis
Elle ne ressemble guère à ce que vous entendriez aujourd'hui par une constitution ordinaire. Au

XVIIe siècle, l'ordre impérial est composé de conventions traditionnelles et de décisions isolées prises dans le passé.

La Bulle d'or : en 1356, la Bulle d'or définit le Saint Empire romain germanique comme une monarchie élective. L'élection se fait par le collège électoral, composé de quatre électeurs laïcs et de trois électeurs ecclésiastiques. Les voix laïques pour l'élection impériale appartiennent au roi de Bohème, aux princes-électeurs de Saxe, aux comtes-marchands de Brandebourg et au comte palatin. D'autre part, les archevêques de Cologne, Mayence et Trèves votent en tant que représentants ecclésiastiques.

Paix territoriale : depuis 1495, la paix territoriale générale interdit de se faire justice soi-même par des combats à l'épée. En cas de non-respect, la sanction est la violation de la paix territoriale, la perte de la protection juridique.

Une réforme de l'ordre impérial au milieu du XVIe siècle permet aux États impériaux de gagner en influence face à l'empereur. Leurs voix sont désormais entendues, y compris pour l'approbation des impôts et des nouvelles lois. En outre, les États impériaux obtiennent la compétence judiciaire. En

1600, la Cour de la Chambre impériale, presque indépendante de l'empereur, est à nouveau établie sur un sol solide. Pour que les lois impériales, les jugements et la paix territoriale soient appliqués, ils mettent en place des cercles impériaux chargés du pouvoir exécutif. Parallèlement, une cour de justice propre à l'empereur, le Reichshofrat, est constituée, ce qui lui assure la fonction d'instance juridique. Les conséquences de la réforme impériale deviennent problématiques lorsque plusieurs États impériaux se convertissent au protestantisme, malgré l'interdiction de l'Édit de Worms de 1521. Cela entraîne des complications juridiques pour les princes ecclésiastiques face aux lois impériales, car contrairement aux princes laïcs, la confession de leurs territoires s'aligne sur la leur.

Le conflit qui en résulte semble sans issue. Même les tentatives militaires de l'empereur Charles Quint pour ramener les princes au catholicisme échouent.

En 1151/52, le succès des révoltes protestantes conduit à la signature du Traité de Passau, qui promet la paix entre les différentes factions religieuses. Ces efforts aboutissent à la paix d'Augsbourg en 1555, qui interdit désormais la violence fondée sur les désaccords religieux et la condamne même comme violation de la paix civile. C'est du moins le cas pour la protection des luthériens. Les calvinistes sont toujours considérés comme une secte et ne bénéficient pas de la protection juridique. Les États impériaux luthériens peuvent conserver leur confession, mais les princes ecclésiastiques ne peuvent désormais plus en changer.

La situation s'aggrave à nouveau

Pendant un certain temps, la paix d'Augsbourg aide à préserver la liberté de culte et à promouvoir des relations plus ou moins pacifiques entre les confessions. Mais ce sont maintenant les catholiques qui se sentent désavantagés et qui, à partir des années 1570, veulent s'affirmer davantage contre les protestants. Ce n'est qu'avec le soutien de plusieurs souverains qu'une réforme et une contre-réforme catholiques peuvent être menées à bien, renforçant ainsi la volonté des catholiques d'affermir à nouveau leur confession et de la diffuser face aux partisans protestants.

La situation s'aggrave à tel point que la diète refuse le droit de vote à l'administrateur protestant de Magdebourg en 1582. Peu après, l'archevêque de Cologne est déposé par le pape pour avoir rompu le célibat et s'être converti au protestantisme. L'archevêque laisse sa Cologne aux catholiques - mais pas sans résistance - et ne peut en être chassé que par la force des armes.

Après que des protestants se soient emparés des drapeaux des catholiques lors d'une procession catholique à Donauwörth en 1607 et qu'ils aient défilé dans les rues sales, la discorde dans l'Empire atteint son apogée. L'archiduc de Bavière, Maximilien, envoie ses soldats catholiques dans la ville et s'en empare. Les protestants sont jugés par le Conseil de la Cour impériale. Peu après la prise, Maximilien entreprend de recatholiciser la ville. L'archiduc d'Autriche intérieure et bientôt empereur du Saint Empire romain germanique, Ferdinand de Styrie, soutient le Bavarois et, en 1608, exige officiellement de tous les protestants qu'ils rendent aux catholiques les biens ecclésiastiques "aliénés" depuis 1552.

En réponse à cette demande, les états luthériens de l'Empire fondent en mai 1608 une union de partisans protestants avec leur propre armée. Un an plus tard, Maximilien de Bavière répond par une ligue catholique fraîchement créée.

La chute de la fenêtre de Prague
Dans la tradition historique, la "défenestration de Prague" marque le début de la guerre de Trente Ans. Le rôle de la Bohême dans la politique européenne est déterminant. La Bohême catholique constitue la majorité au sein du collège électoral du Saint Empire romain germanique. Leur vote assure le rôle du catholicisme dans l'élection de l'empereur et, par conséquent, la prétention des Habsbourg à fournir l'empereur.

La majorité de la population tchèque, y compris la plupart des nobles, n'est plus catholique depuis longtemps, mais croit aux enseignements du réformateur Jan Hus. Pour désenchanter la Bohême, en juin 1617, le pieux catholique et contre-réformateur Ferdinand de Styrie est élu porteur de la couronne de Venceslas sous l'empereur Mathias II et est couronné à Prague. L'année suivante, il reçoit également la couronne de Hongrie.

La population protestante observe son nouveau roi avec de plus en plus d'inquiétude. Par crainte d'une contre-réforme, des troubles éclatent en Bohême. Maladroitement, l'empereur Matthias tente d'enrayer les troubles en adoptant un ton cassant, mais se heurte à une ambiance de plus en plus enflammée.

Le 23 mai 1618, au château de Hradcany à Prague, des nobles protestants tentent de demander aux gouverneurs catholiques de justifier la réaction de l'empereur Mathias. Peu après, la discussion se transforme en un affrontement violent. Excédés, les nobles poussent deux gouverneurs et leur secrétaire dans l'aile Ludvik. Les catholiques sont jetés par les fenêtres dans un gouffre de 17 mètres de profondeur - et survivent.

Mais l'ambiance est à la révolution. Les rebelles s'imposent comme nouvelle assemblée et réélisent le gouvernement de Bohême. Le lendemain, leur propre armée est en place et le roi Ferdinand II doit abdiquer. Les conséquences ne se font pas attendre et lancent la première grande bataille de la guerre de Trente Ans.

Conseil :

Demandez-vous si la guerre de Trente Ans a vraiment été une "guerre de formation d'État" (Burkhardt). Illustrez les motifs des différents conflits précédant la guerre.

Comparez la défenestration de Prague à d'autres révolutions dont vous avez connaissance. Vous construirez ainsi une compréhension des différentes formes et conséquences des révolutions.

Batailles des damnés

C'est la guerre. Et les premières armées se préparent à marcher vers le camp ennemi. Les batailles s'empilent les unes sur les autres en un rien de temps. Quels sont les lieux qui façonnent le cours de la guerre ? Accompagnez les plus grands commandants dans leurs campagnes à travers l'Europe et découvrez l'ampleur de la guerre. De Prague au sud de l'Allemagne, en passant par la mer Baltique, une ligne d'affrontement et de dévastation permanente s'étend.

LE ROI DE L'HIVER ET LE TRIBU-
NAL DE SANG

1619-1625

L'ambiance est à la révolution à Prague. Après la défenestration de Prague et l'expulsion de Ferdinand de Styrie, la Bohême se pose la question de trouver un nouveau gardien de la couronne de Venceslas. Une question dont la réponse déclenchera la première grande bataille de la guerre de Trente Ans. Après un roi pieux et catholique, le gouvernement tchèque a maintenant tout intérêt à pouvoir enfin nommer un régent protestant qui représente et soutient la confession de la majorité. Le nouveau roi doit représenter un signe d'autonomie du gouvernement de Prague et incarner sa revendication de la confession protestante. La nouvelle de la destitution de Ferdinand parvient bientôt au Palatinat électoral. Le prince électeur protestant Frédéric V y règne avec son chancelier Christian Ier d'Anhalt-Bernburg, calviniste convaincu. Ce dernier voit dans la recherche d'un nouveau monarque la possibilité d'affaiblir la zone d'influence des Habsbourg et donc celle des catholiques. Pour s'attirer leurs faveurs, le chancelier envoie un soutien militaire à Prague. Assez rapidement, le gouvernement pragois offre la couronne à l'électeur Frédéric. Sa confession et ses bonnes relations avec la famille royale d'Angleterre sont particulièrement convaincantes quant à la compétence du noble palatin. Bien que son propre conseil l'en dissuade, Frédéric accepte d'être élu roi en août 1619. En octobre, il arrive solennellement à Prague avec sa femme Elisabeth Stuart. Un violent revers pour les Habsbourg.

Mais les choses ne se passent pas comme on l'espérait. Le nouveau roi devient rapidement impopulaire auprès du peuple. Son prestige s'affaiblit considérablement, notamment à cause de son iconoclasme radical. Des émeutes se forment même lorsque Frédéric V veut faire démonter les icônes du pont Charles après la cathédrale Saint-Guy. Pendant ce temps, les rebelles tchèques tentent d'agrandir leur armée afin de se préparer à une éventuelle vengeance contre la Ligue impériale catholique. Dès le mois d'octobre de l'année précédente, la Silésie se joint aux insurgés de Prague. Après la mort de l'empereur du Saint Empire romain germanique Mathias II en mars 1619, un plus grand nombre de duchés allemands osent soutenir la Bohême. Ils forment la *Confoederatio Bohemica.* Le successeur de Matthias est Ferdinand de Styrie, désormais Ferdinand II. Il promet immédiatement au chef de la Ligue catholique, Maximilien de Bavière, la dignité d'électeur du Palatinat s'ils parviennent à reconquérir la Bohême et à chasser le nouveau roi. Les premiers belligérants sont en place. Bientôt, la Confédération et la Ligue s'affrontent.

Après plusieurs campagnes victorieuses en direction de Prague, l'armée impériale catholique, dirigée par le général Johann von Tilly, est aux portes de la capitale. Une dernière tentative désespérée pour stopper l'avancée des troupes aboutit à la bataille de la Montagne Blanche, dont on espère qu'elle donnera un avantage stratégique aux troupes tchèques. Mais la colline ne peut pas non plus rivaliser avec la force de la Ligue. Le 8 novembre 1620, une brève escarmouche a lieu. La Confédération de Bohême subit sa dernière et plus violente défaite à ce jour. La révolte tchèque s'effondre et Frédéric, qui est resté au château de Hradcany pendant toute la bataille et a tenté de demander le soutien des ambassadeurs anglais, se réfugie dans son exil aux Pays-Bas.

Après la reconquête de la Bohême, Ferdinand II se montre peu prévenant. L'empereur veut faire un exemple. Il prononce 27 condamnations à mort, dont certaines arbitraires. Dix nobles tchèques et 17 paysans sont inscrits sur la liste noire. Les victimes n'apprennent généralement leur condamnation que quelques jours avant. Le 21 juin 1621, l'empereur fait installer une estrade devant l'hôtel de ville de la Vieille Ville. Pendant quatre heures, la décapitation et la pendaison se poursuivent, avec l'usure de plusieurs lames. Pour ajouter à l'humiliation, les tambours jouent si fort que les dernières paroles des condamnés ne peuvent être entendues. La vengeance sanglante produit son effet. Pour prévenir de futures révoltes, l'empereur fait également placer 12 des têtes coupées sur la tour du pont menant à la Vieille Ville, où elles seront montées sur de longues lances et témoigneront pendant 10 ans des horreurs du "Tribunal de sang de Prague" et de la première grande bataille de la guerre de Trente Ans. Les terres tchèques sont principalement vendues à des nobles catholiques de l'Empire.

La patrie de Frédéric s'en tire également mal. En 1622, Maximilien Ier de Bavière s'empare de ce que l'empereur lui a promis. La capitale, Heidelberg, est incendiée, des soldats pillent l'argent et l'or et la Biblioteca Palatina, l'un des plus importants témoignages de la littérature médiévale, est entièrement transférée au Vatican. Le catholicisme est imposé au Palatinat électoral et tous les membres du clergé protestant sont expulsés jusqu'en 1625.

Du bref règne de Frédéric V en Bohême, il ne reste aucun témoignage glorieux de l'union protestante. Seul le titre dégradant de "roi d'hiver" fait état du règne fatal de Frédéric, qui dura peu et fut loin d'affaiblir le pouvoir des Habsbourg.

Conseil :

Visitez aujourd'hui l'hôtel de ville de la Vieille Ville de Prague. Vous y trouverez 27 croix blanches encastrées dans le sol. Vous pourrez ainsi vous faire une idée de la culture du souvenir en Bohême.

LE DANEMARK ET WALLENSTEIN

1624-1628/29

Après l'écrasement des révoltes de Bohème, deux chefs de troupes mercenaires de l'ancien Roi d'Hiver se réfugient en Basse-Saxe. Christian de Brunswick et Ernst de Mansfeld utilisent la région pour subvenir aux besoins de leurs soldats. Les soldats consomment des provisions et une grande partie de la main-d'œuvre des agriculteurs locaux. Mais ils imposent une charge supplémentaire aux villes de Basse-Saxe. Par leur présence, les commandants protestants risquent de provoquer une recatholicisation violente par la Ligue, dont les troupes sont stationnées non loin de là. Pour éviter cela, les états de Basse-Saxe élaborent un plan visant à détourner l'attention des troupes impériales en brandissant la menace d'une guerre européenne. La Basse-Saxe cherche en particulier le soutien de Christian IV du Danemark. Le roi danois possède la souveraineté sur le Holstein et est également membre du cercle de Basse-Saxe.

Peu de temps auparavant, le royaume nordique a conquis plusieurs villes du nord de l'Allemagne. Bientôt, la couronne danoise trône également sur la ville de Hambourg, particulièrement influente. Renforcé, Christian se déclare désormais sous la protection de la Basse-Saxe, mais tarde à passer à l'acte. Christian de Brunswick tente d'abord de prendre le contrôle des

événements au printemps 1623, mais la Ligue catholique réagit à ses efforts d'armement pour
reconquérir la Bohême en avançant jusqu'au sud
de la Basse-Saxe. Lors de la bataille de Stadtlohn,
l'expérimenté Johann von Tilly met un terme aux
efforts de Brunswick.

Christian IV reste tout d'abord réticent. Il est
préoccupé par le fait que la Suède pourrait
conquérir une partie de la mer Baltique et du
Danemark pendant son engagement avec la Basse-
Saxe. De plus, le monarque espère le renfort de la
France et de l'Angleterre.

L'année 1624 marque un tournant. Jacques Ier,
roi d'Angleterre, ne négocie plus la paix avec les
Habsbourg d'Espagne et passe à l'attaque. La
France, déjà hostile depuis longtemps, durcit
également ses positions vis-à-vis de l'empereur
sous la politique étrangère du cardinal Richelieu.
Vers la fin de l'année, les États généraux déclarent
leur alliance officielle avec le Danemark. L'année
suivante, une nouvelle armée de Basse-Saxe se
forme sous la direction de Christian IV. Par le biais
d'un mandat, l'empereur tente d'empêcher le
réarmement de la Basse-Saxe. Pour s'assurer de

son application, les troupes impériales de Tilly entrent dans la zone de guerre de la Basse-Saxe.

Le temps est venu pour un autre protagoniste de la guerre de Trente Ans. La cour royale de Vienne discute d'une offre qu'elle peut difficilement refuser. En 1625, le noble duc Albrecht von Wallenstein, qui possède également un territoire en Bohème, propose à l'empereur, compte tenu des tensions à la frontière de Basse-Saxe, de lever sa propre armée pour soutenir les troupes impériales. A la fin de l'automne de cette année, l'entrepreneur militaire met à son service 40.000 mercenaires, avec lesquels il rejoint Tilly. Dans les mois qui suivent, le vent tourne dramatiquement en faveur de l'empereur. La France est en proie à des révoltes huguenotes et le roi d'Angleterre entre en guerre contre l'Espagne. Son soutien au Danemark tombe en désuétude.

Christian IV sous-estime la situation. Lorsque les troupes impériales sont distraites par des révoltes paysannes en 1626, le monarque danois se sent prêt à combattre. L'armée danoise est battue à Lutter am Barenberg et l'alliance de Basse-Saxe s'effondre. Durant l'hiver, de nombreux conseils de comté se voient contraints de réaffirmer leur loyauté envers l'empereur. Le héros contre les Danois, Wallenstein, qui a fourni une énorme armée à l'empereur et l'a lui-même dirigée, poursuit sa marche vers le nord. Le général s'empare du Schleswig, du Holstein et du Jutland, chassant ainsi définitivement les Danois du territoire allemand. Christian IV ordonne la retraite.

FRONT PARTISAN

1626-1630s

L'armée de Wallenstein arrive à point nommé pour l'empereur. Cependant, une grande partie de la population méprise les soldats. En 1625, la région du Harz en particulier est accablée par la présence des soldats catholiques et terrorisée par eux. L'année suivante, les paysans et les artisans se regroupent en une alliance armée. Vêtus de la tenue des chasseurs, les quelque 600 à 800 hommes se désignent comme "Freye Harzschützen". Leur connaissance de la région leur donne l'avantage dont ils ont cruellement besoin pour semer la zizanie au sein de l'armée impériale. Ils transforment la région du Harz en un pays peu sûr pour les soldats. En juillet 1627, ils parviennent à prendre

d'assaut les châteaux de Klettenberg et de Stiege.
Ils déclenchent cependant la colère de la Ligue.

Peu après, les soldats impériaux s'emparent du
bastion de Beckenstein et d'autres refuges des
Freyen Harzschützen. Il ne faut pas longtemps
pour que l'importance des partisans disparaisse.

Ils ne réapparaissent qu'une seule fois, après
la destruction de Magdebourg en 1631, pour une
courte période.

Leur chapitre a peut-être été court et insigni-
fiant dans le déroulement de la guerre de Trente
Ans, mais leur histoire montre que la guerre est en
fait toujours menée au-dessus de la tête de la population. Elle n'est pas une épreuve de loyauté pat-
riotique, mais un abaissement des intérêts civils.
C'est contre cette tyrannie de l'empereur que les
Freyen Harzschützen ont tenté en vain de se défendre.

Conseil :

Comparez les Freyen Harzschützen à d'autres
révoltes paysannes ou civiles de la guerre de
Trente Ans. Quels sont, selon vous, les facteurs
importants pour une résistance réussie ?

LE LION DE SUÈDE

1630-1634

En 1630, l'empereur est confronté à la plus grande menace de la guerre de Trente Ans. Jamais auparavant sa souveraineté n'avait été aussi menacée. La Suède décide de se joindre au conflit européen, prétendument sous le prétexte de soutenir les protestants en danger et soumis en Allemagne.

Les Suédois peuvent se prévaloir d'un ancien héritage de l'Empire gothique. Il s'agit de la prétention à dominer la majeure partie du monde. Et cette prétention est menacée par l'expansion des Habsbourg.

En 1627, les troupes catholiques impériales occupent Wismar. La ville, située sur la côte de la Baltique, est bientôt déclarée port de guerre de l'empereur. Un désastre pour la grande puissance suédoise, qui souhaite mettre la main sur les régions de la Baltique. Son projet vacille expressément en 1628, lorsque Rostock tombe aux mains des catholiques et qu'une flotte maritime impériale est construite. Le célèbre héros de guerre des Habsbourg, Wallenstein, est même nommé "général de la mer Baltique et de la mer Océane".

Gustave Adolphe, roi de Suède, décide de s'opposer à cette expansion. Il connaît l'Allemagne pour y avoir effectué un voyage secret en 1620 et sait prendre les dispositions adéquates.

En mai 1630, le roi traverse la mer Baltique avec 13.000 soldats. Deux mois plus tard, il pose le pied sur l'île d'Usedom. Les troupes impériales s'enfuient immédiatement à la vue de la grande puissance. Pour les protestants d'Allemagne, c'est un miracle. Après la défaite du Danemark, ils voient dans le roi de Suède le sauveur de leur confession. Pour souligner sa gloire, Gustave Adolphe est surnommé le "Lion de minuit", dont l'apparition mythique fait naître l'espoir dans le cœur des protestants.

Et la campagne suédoise se révèle très tôt être un énorme succès. Après avoir conclu une alliance avec la Poméranie le 20 juillet, l'armée suédoise occupe Anklam et Wolgast. Exactement deux mois plus tard, Stralsund et le duché de Mecklembourg, auparavant possessions territoriales de Wallenstein, appartiennent au royaume suédois.

Gustave Adolphe poursuit sa route vers le sud avec son armée. En avril 1631, il s'empare de

Landsberg an der Warthe et de Francfort-sur-l'Oder.

La situation devient alors urgente. A marche forcée, les Suédois tentent d'atteindre Magdebourg pour sauver de la destruction la ville commerciale protestante menacée par les généraux impériaux Tilly et Pappenheim. Le sauvetage arrive trop tard. Certes, les Suédois s'emparent de Berlin et de Potsdam, situés à proximité, mais ils ne peuvent empêcher l'horreur. Magdebourg tombe dans les conditions les plus cruelles. Le bastion protestant est certes perdu, mais il éveille l'esprit de résistance des protestants dans tout l'empire. Gustave Adolphe est clairement considéré, au plus tard à ce moment-là, comme la figure du sauveur face à la suprématie catholique, qu'il méprisait encore tant. Des pamphlets racontent les victoires de Gustave et incitent les protestants à s'opposer à la tyrannie autrichienne.

Pendant ce temps, les Suédois continuent d'avancer. En juillet, ils occupent Havelberg et battent l'armée de Tilly à Breitenfeld. L'avantage des Suédois est la cadence de tir rapide de leurs canons et leurs formations sophistiquées qui permettent une plus grande mobilité. En septembre,

Wernigerode et Erfurt tombent, en octobre la forêt de Thuringe et Schweinfurt. Francfort-sur-le-Main et Mayence tombent aux mains des Suédois en décembre. Gustave Adolphe a atteint l'apogée de son règne. Une vaste région du centre de l'Allemagne, du nord au sud, est rapidement envahie par son armée. S'y ajoutent Wismar, Rostock et Dömitz. La carrière navale de l'empereur s'arrête et son pouvoir s'est impitoyablement réduit. Son propre peuple se retourne contre lui. Seul un dixième des quelque 150.000 personnes sous Gustave Adolphe sont en fait des Scandinaves. Outre les Écossais et les Italiens, les protestants allemands en particulier se joignent à la lutte contre l'empereur.

En mars 1632, tout Nuremberg célèbre l'entrée des Suédois. Ils semblent intouchables. Mais une crainte taraude les héritiers de l'Empire gothique - les maigres restes financiers témoignent de cette campagne de grande envergure.

Pour financer ses forces armées, Gustave Adolphe fait collecter en avril d'importantes taxes sur Augsbourg, qui vient de tomber. C'est peut-être une tentative d'apaisement qui pousse le roi à assister à un office catholique, mais même les taxes de ses territoires nouvellement soumis arrivent trop tard. Aveuglé par la victoire, il pousse sa puissance financière jusqu'au bout. Les retards se font sentir lorsque les moyens manquent pour prendre Ingolstadt en avril. Battu, le roi retire son armée. Mais cela ne suffit pas.

En Souabe et en Bavière, les paysans commencent à résister aux soldats et mercenaires gênants. Les Suédois sont contraints de se retrancher à Nuremberg lorsque la nouvelle se répand que Wallenstein s'annonce pour soutenir les insurgés. Gustave Adolphe parvient à défendre la ville contre les mercenaires de Wallenstein jusqu'à la fin du mois d'août, mais la faim et les maladies frappent les Suédois. Il n'y a plus de réserves dans lesquelles puiser de la nourriture ou des médicaments, c'est pourquoi Gustave engage la bataille décisive contre les impériaux.

Le 16 novembre 1632, les deux armées s'affrontent à Lützen. En effet, il semble que la Suède gagne la bataille, mais vers midi, un épais brouillard envahit le champ de bataille.

Sans le savoir, Gustave Adolphe chevauche au milieu des soldats ennemis que le brouillard lui a cachés. Après plusieurs coups de feu, le roi bien-aimé tombe de son cheval et meurt de ses blessures par balle.

Les Suédois gagnent certes la bataille, mais
avec la chute du lion, c'est aussi l'envie d'agir qui
tombe. Son corps est transporté dans l'église de
Wittenberg. Un lieu symbolique. C'est sur ses portes que Luther a affiché ses thèses. C'est dans ce
lieu de naissance de la Réforme que le roi, tombé
au combat pour les protestants, passe une nuit. Et
Wallenstein ? C'est le moment idéal pour frapper
et peut-être même chasser les Suédois du sol allemand, mais le général expérimenté ne réagit pas.
Pendant toute l'année 1633, il suspend tout effort
militaire contre les Suédois. Lorsqu'il renonce à
libérer Ratisbonne, soumise par les Suédois, en
1634, le scepticisme se répand à la cour de Vienne.
C'est le début d'une tragédie.

On parle d'intrigues à l'empereur Ferdinand II.
Wallenstein serait lui-même intéressé par la
couronne impériale. Il s'allierait même avec les
Suédois. Peut-être la vérité ? Ou des voix mal intentionnées ? Ferdinand II agit. Il ordonne l'assassinat de Wallenstein. Le 24 février 1634, le général
reçoit sa récompense pour ses loyaux services

depuis 1625. Il est sournoisement poignardé par l'Irlandais Walter Deveroux.

Durant l'été 1634, la Ligue catholique chasse la Suède du sud de l'Allemagne après la bataille de Nördlingen.

NOCES DE SANG DE MAG-DEBOURG

1631

Une ville en flammes. Aucun événement de la guerre de Trente Ans n'a autant marqué l'histoire que la destruction de Magdebourg. L'attaque est presque représentative de la guerre et est considérée comme le témoignage le plus sombre de sa folie violente. Pour les contemporains, c'est particulièrement grave. Les traumatismes et les peurs se répandent. Magdebourg devient un fantôme, un symbole de la désintégration omniprésente et de l'insécurité face aux attaques violentes. Même le mot "magdeburgiser" se répand et décrit un anéantissement total.

Nous sommes le 20 mai 1631. 22.000 soldats impériaux de Tilly se rassemblent devant les murs de la ville. Ils sont rejoints par les quelque 6.000 mercenaires menés par son adjoint Pappenheim. La ville qui se dresse devant eux est l'une des plus grandes et des plus riches de l'époque. Sa position stratégique et ses champs de blé fertiles en font un objet de convoitise. Problème : très tôt, les Magdebourgeois ont opté pour les enseignements de

Martin Luther. Les catholiques forment une nette minorité. Pourtant, la ville s'efforce de conserver sa neutralité pendant la guerre. Aujourd'hui, ce projet semble s'effriter. Malgré la menace de Jean de Tilly, les Magdebourgeois décident de ne pas accepter les offres de capitulation. Ils espèrent obtenir le soutien de l'armée suédoise.

Vers 7 heures, le moment est venu pour Johann von Tilly de s'emparer de la ville par la force. Un violent bombardement frappe d'abord Magdebourg. Les soldats, en particulier ceux de Pappenheim, pénètrent alors dans la ville. Ce sont eux qui commenceront rapidement à allumer des incendies qui, au fur et à mesure de la "conquête", atteindront un effet de vénération. La soudaine vulnérabilité des habitants de Magdebourg incite les soldats de Pappenheim à faire preuve d'un courage particulier pour la violence. Ils ne sont plus maîtres de leurs sens et répandent une horreur insoupçonnée dans la ville. Les crimes les plus horribles dont souffrent les habitants de Magdebourg en cette heure terrible de l'histoire européenne sont l'empalement des nourrissons et le viol sans fin des filles et des femmes. La brutalité des soldats est censée être si impitoyable qu'elle suscite l'incompréhension et l'effroi même chez Tilly et Pappenheim. Leur intention n'était pas de détruire la ville stratégique. Leur intention était de la prendre pour leur propre compte. Mais les soldats sont passés outre et ont rasé la ville. Même le droit d'asile dans les églises est suspendu. Seules les quelques personnes qui se retranchent dans la cathédrale de Magdebourg sont épargnées par les soldats. Au final, la plupart des bâtiments ont disparu, laissant place aux épidémies et à l'odeur de la décomposition. Sur les 35.000 habitants initiaux, il en reste finalement environ 450.

Conseil :
Regardez les illustrations du mariage de Magdebourg (également sur Internet). Elles vous permettront de comprendre l'impact d'une telle opération d'extermination sur les contemporains.

L'ART DE LA GUERRE

1634-1638

Après avoir repoussé les Suédois, le champ de bataille européen s'étend. Les Français se voient contraints de rejoindre officiellement la Grande Guerre. L'intention du cardinal Richelieu, chargé de la politique étrangère, est de renforcer les arrières des Suédois dans ce qui reste de la région de la Baltique, afin de se présenter comme un allié attrayant, voire nécessaire.

Pour la France, c'est très important car le royaume se dirige depuis longtemps vers une guerre avec la redoutable Espagne. Depuis 1632, les deux grandes puissances se préparent à un conflit militaire. La route d'Espagne est au cœur de ces préparatifs. Il s'agit d'une route de ravitaillement qui mène de l'Italie aux Pays-Bas. Pour la France, la conquête de la route de ravitaillement par l'Espagne représenterait un danger et signifierait en outre la conquête de la souveraineté française. C'est pourquoi les deux parties se déploient de plus en plus le long du Rhin. Cela ne fait qu'alimenter un éventuel conflit.

Du côté des Français, on trouve depuis 1634 la Suède et les Pays-Bas. Ils s'inquiètent de la montée en puissance des Habsbourg et concluent donc une alliance avec les Bourbons. L'Espagne, quant à elle, impose une alliance avec l'empereur en cessant de payer ses impôts à Vienne. La perte de la source fondamentale d'argent des Habsbourg risque d'entraîner une perte de pouvoir de l'empereur et l'arrêt de sa reconquête de l'empire. En octobre, le gouvernement viennois accepte la revendication des Habsbourg espagnols d'un soutien militaire de la part des troupes impériales catholiques.

L'escalade se produit lorsqu'en mars 1635, l'Espagne occupe Trèves sans fondement prévisible et fait prisonnier le prince-électeur. Ce faisant, ils forcent la France à agir. Le royaume, qui cherchait encore des alliances, doit cesser son recrutement et prendre une décision. Le 19 mai 1635, Louis XIII déclare que la capture de l'Électeur constitue une violation du droit international et justifie ainsi la déclaration de guerre officielle à l'Espagne. Le conflit qui éclate entre la France et l'Espagne ajoute aux effets de la Guerre de Trente Ans de vastes territoires en Europe et élargit la focalisation du Saint Empire romain germanique à l'Europe entière. Pendant 25 ans, c'est-à-dire au-delà de la guerre de Trente Ans, la querelle entre la France et l'Espagne tient bon. La situation est si éprouvante que les nations commencent lentement à remplacer les meurtres, la famine et les maladies sans fin par une volonté de paix. Mais le chemin vers la trêve est difficile et prend du temps.

Témoignages de l'horreur

Aujourd'hui, il est impossible de restituer toute l'atmosphère terrifiante des batailles de la guerre de Trente Ans. Ce qui nous reste, ce sont des témoignages isolés et épars de cette époque où les réalités quotidiennes des gens sont marquées par la peur et la souffrance. Quels sont les soucis des gens ordinaires et les vices des soldats ? Quel est le rôle des femmes dans la guerre ? Que savez-vous des nombreux procès de sorcières impitoyables qui se rallument au milieu de toute cette ruine ?

LA VIE DES MERCENAIRES - PE-TER HAGENDORF

Si les mots "armée" et "soldats" vous font penser à des hommes robustes qui se rendent sans crainte de bataille en bataille, les fragments sur la vie des soldats pendant la guerre de Trente Ans vous présenteront un autre monde. Les soldats sont loin d'être robustes. Les témoignages font état d'hommes ravagés par la faim et les épidémies, dont les haillons minces et déchirés dissimulent les os décharnés. La vie militaire n'est pas seulement difficile, elle est aussi courte. Une étude suédoise a montré que le mercenaire survit en moyenne trois ans et quatre mois à la guerre. Sur plus de trente ans, c'est un constat désabusé. Mais comment imaginer les malheureux qui sont condamnés à un destin difficile ?

Avec l'émergence de l'"entreprise militaire", l'importance des mercenaires s'accroît. Ils viennent de tous les pays, dont l'Écosse, l'Irlande et l'Italie, pour se joindre à l'effort de guerre contre un salaire assuré. Ils portent souvent des vêtements colorés, rehaussés de plumes ou ornés de décorations. Ils se distancient ainsi de la société civile, à laquelle ils ne se sentent généralement pas appartenir. S'ils n'apportent pas leur propre équipement, ils doivent l'acheter eux-mêmes à prix fort. L'arme de prédilection est le fusil à chargement par la bouche. Le journal d'un mercenaire qui a combattu pour l'armée catholique dans le Saint Empire romain germanique nous est parvenu. Ses notes résument sa vie et nous donnent un aperçu du parcours du fantassin.

Peter Hagendorf est le nom auquel est associé le journal qui existe encore aujourd'hui. En 1627, il s'engage dans l'armée catholique contre 4 thalers par mois. Il écrit immédiatement sur ce qui le touche. En 1631, il est témoin de la destruction de Magdebourg. Sa contribution est minime, dès le début de la conquête, il est grièvement blessé par deux coups de feu. Peter a de la chance, car non seulement il survit à ses blessures, mais sa capacité à lire et à écrire lui permet d'obtenir un poste de rédacteur de listes dans un hôpital militaire. Il est ainsi épargné par les batailles à venir. Cependant, la guerre de Trente Ans lui fait payer un lourd et triste tribut. Le mercenaire, qui a parcouru environ 22 500 km à pied pendant son service et a été témoin de diverses atrocités, perd sept de ses neuf

enfants au cours des dernières années de mas-
sacres et de meurtres.

AVEC LA TROUSSE

L'idée selon laquelle seuls les hommes participent
aux batailles et pillent les terres qui restent est dé-
passée. Un groupe hétéroclite de civils est toujours
présent lorsque l'épée est utilisée. Parmi eux, un
grand nombre de femmes. La "troupe" est
extrêmement polyvalente et s'occupe de l'approvisionnement des soldats. Elle accompagne toujours
l'armée et peut même être 3 à 4 fois plus no-
mbreuse que celle-ci. L'escorte regroupe différents
groupes professionnels. Des logisticiens, des
médecins et des artisans, mais aussi des
marqueteurs et des brasseurs de bière sont chargés
de répondre aux besoins des troupes. Au Moyen-
Âge, les maréchaux s'occupent des objets d'usage
privé des soldats. Les forgerons de campagne tentent de maintenir la qualité des armes, tandis que
les soudards produisent des repas utilisables. Les
barbiers s'occupent des besoins hygiéniques et les
prédicateurs répondent au besoin de présence spi-
rituelle. Des diseurs de bonne aventure et des

ésotéristes se mêlent également à la population, ainsi que des réfugiés et des prostituées. Bien entendu, la troupe est en permanence accompagnée de nombreux animaux de ferme.

Les "femmes de soldats" sont particulièrement intéressantes. Ces femmes n'attendent pas à la maison le retour espéré de leurs maris, mais les accompagnent avec les membres de leur famille. Elles s'occupent de la tente, des tâches ménagères de base et des enfants qu'elles ont amenés avec elles. Il arrive aussi que les femmes participent au butin et pillent les cadavres sur les champs de bataille.

LES FEMMES DANS LA GUERRE - ELISABETH GEMMEROTH ET LA DÉCOUVERTE DE L'INHUMANITÉ

Elisabeth Gemmeroth vit dans un convoi. La femme d'officier y remplit toutes les obligations qu'elle considère comme allant de soi pour une épouse de l'époque. Et s'il n'y avait pas les combats et les épidémies, elle aurait peut-être l'impression de mener une vie tout à fait normale. Mais l'armée est en marche et la troupe la suit. De Rostock à Stendal, en passant par l'Italie, l'interminable file d'attente se poursuit, bataille après bataille. Comme pour la plupart des personnes volées par la guerre, peu de choses nous sont parvenues sur la vie d'Elisabeth Gemmeroth. Seules ses tombes, retrouvées en quatre endroits différents, témoignent de l'existence de ses enfants, un seul de ses fils ayant survécu. Et Elisabeth ? Elle meurt dans la bataille. Alors que la bataille entre l'Empire et les Suédois fait rage à Wittstock, la femme du soldat tente de s'enfuir. Ne connaissant pas le chemin, elle se retrouve au milieu de la mêlée et reçoit une blessure mortelle. Son cœur s'arrête de battre le 04 octobre 1636. Son histoire est racontée dans un sermon rédigé à l'occasion de son enterrement.

Mais que se passe-t-il pour les femmes qui sont restées à la maison ? Imaginez que vous êtes une femme pendant la guerre de Trente Ans. Vous vous demandez certainement quel est l'impact de la guerre sur vous. En bref, vous êtes livrée à vous-même. Ce sont des femmes qui doivent ressentir ce qui est probablement le pire des crimes contre l'humanité. Des frères de couvent, en particulier, livrent leurs impressions sur l'horreur que les soldats violents font régner dans les villages et les villes. Ils racontent les viols massifs, dont un nombre non négligeable conduit à la mort des femmes innocentes. Celles qui n'ont pas été violées jusqu'à leur dernier souffle sont mutilées, noyées ou abandonnées à leur traumatisme. Les femmes qui ont la chance d'être épargnées par ces attaques brutales voient tous leurs biens s'envoler en fumée. Chaque fois que des soldats restent dans une région, ils consomment une quantité insoutenable de provisions qu'ils prennent, si nécessaire par la force, dans les villages et les villes environnants. Certains villages ont été pillés 18 fois.

UNE NATION EN FEU

De la sorcellerie ! Vous êtes accusé. Les soldats pillards, la famine et les épidémies mortelles font de votre vie un fardeau, et maintenant on vous accuse de sorcellerie. Aussi incompréhensible que puisse vous paraître le raisonnement de votre accusateur, vos chances de salut sont minces.

Pour les femmes du Saint Empire romain germanique, la situation est particulièrement fatale. Jamais auparavant autant de bûchers brûlés n'avaient marqué les silhouettes des villages allemands. C'est ici que l'on exécute le plus grand nombre de sorcières au monde. Il est certain que la recherche accrue de boucs émissaires est liée aux mauvaises récoltes, aux pandémies et aux horreurs de la guerre, car vers les années 1520, les procès de sang-froid s'étaient majoritairement calmés après la Réforme. La chasse aux sorcières n'est pas un impératif d'État. L'administration autonome de la plupart des régions permet une auto-justice exécutée de manière incontrôlable. La population s'oriente vers l'éminent "Marteau des sorcières" de l'ecclésiastique Heinrich Kramer. Il y diffuse ses idées sur les symptômes de la sorcellerie, la manière de traiter une sorcière et le déroulement d'un procès en sorcellerie. L'ouvrage ne leur est d'aucune aide. Il est fort probable que vous ne sachiez pas lire et que vous ne connaissiez pas le latin. Il ne leur reste donc que peu de possibilités de se protéger contre la persécution arbitraire. Si vous suivez les instructions de Kramer, vous pouvez vous imaginer un procès en sorcellerie typique de cette manière. Tout d'abord, une personne doit être accusée d'être une sorcière ou un sorcier. Souvent, des querelles personnelles jouent un rôle important dans ce processus. La personne accusée est ensuite placée en détention et doit attendre dans des cachots ou des cellules froides. Vient ensuite l'interrogatoire, généralement en trois phases, au cours duquel la torture est souvent utilisée. Il est également possible d'effectuer une épreuve de sorcellerie destinée à révéler l'alliance démoni-aque avec le diable. Dans les deux cas, les victimes sont généralement forcées d'avouer. Avant de brûler la sorcière, on lui demande généralement si elle connaît d'autres sorcières. Une occasion de se venger de certaines personnes ou d'espérer en vain une réduction de peine.

Pendant la guerre de Trente Ans, environ 25.000 innocents sont victimes des excès de la sorcellerie. Bamberg et Würzburg, entre autres, en sont les principaux foyers. Outre les femmes, quel-ques hommes meurent également. Leurs noms sont souvent emportés par le vent avec leurs cen-dres.

La journaliste scientifique Eva-Maria Schnurr écrit cependant sur un nom. Même si c'est rare, les procès en sorcellerie ne sont pas toujours mortels. Le nom est Christine Meurer. Elle est tenancière de l'auberge du Cygne. Elle est accusée de sorcel-lerie et de magie par 19 citoyens de la petite ville de Büdingen. Le bourreau a recours à plusieurs méthodes de torture pour obtenir les aveux de Christine. Mais Christine reste forte, ce qui fait d'elle un cas à part dans l'histoire. Malgré la suspension à une poulie qui lui disloque les articulations de l'épaule et malgré la vis à pouce qui lui brise les os, Christine refuse de se soumettre. Elle ne reconnaît pas le bien-fondé de l'accusation selon laquelle elle est une sorcière. En fait, le tribunal renonce. Christine peut ou doit quitter le pays. La seule condition est que Christine ne parle jamais de son procès. Les fonctionnaires craignent une vengeance de la part de celle qu'ils considèrent toujours comme une sorcière.

DES SONS D'ESPOIR

Que ressentez-vous pour la littérature ? Avez-vous du mal à lire la poésie, ou êtes-vous touché par les déclarations aseptisées ? Les poèmes et les chansons sont un témoignage important des mondes passés. En fait, ils relatent toujours les pensées qui animent une société ou un individu.

Le journaliste Michael Sontheimer s'est intéressé à un poète pendant la guerre de Trente Ans. Il s'agit du pasteur protestant Paul Gerhardt. Le futur poète naît en mars 1607, il n'a donc que 11 ans lorsque les gouverneurs catholiques sont jetés par la fenêtre du château de Hrad?any et que la guerre éclate progressivement en Europe. Le malheur l'accompagne donc pendant la majeure partie de sa vie. Sa vie est marquée très tôt par la perte. Ses parents décèdent alors qu'il est encore jeune, ses frères et sœurs meurent un peu plus tard de la peste. Célibataire, il étudie la théologie pendant 15 ans avant de s'installer à Berlin en 1643, où il écrit ses chants chrétiens. Il compose des poèmes sur la foi et l'espoir. Ses chansons transmettent l'espoir par leur insouciance. Le pasteur tente en particulier d'aider sa femme à surmonter sa dépression après la mort de leur fils.

Mais les chants de Paul trouvent rapidement d'autres auditeurs. Ses 139 chansons au total ont été conservées dans des livres de chants protestants et catholiques. L'espoir, depuis toujours le bien le plus important pour surmonter une crise. L'espoir est la seule chose que la Pandore laisse aux hommes après leur avoir infligé toutes les misères possibles et imaginables. Il est incarné dans les chants de Paul Gerhardt. Il écrit des poèmes :

"Ce qui t'arrive souvent, à toi et aux autres,

ne lui est certes pas caché ;

il voit et connaît d'en haut les

peines des cœurs affligés.

Il compte le cours des larmes chaudes

et saisit en abondance tous nos désirs".

Conseil :

Littérature : lisez le "Simplicissimus aventureux".
Ce roman contemporain donne d'autres impressions sur la vie et les sentiments pendant la guerre
de Trente Ans.

Un nouveau monde

Des années et des années passent, des villages sont rasés et des villes entières disparaissent sous la violence dévastatrice de la guerre de Trente Ans. Le fléau de la brutalité et des épidémies ne semble plus vouloir quitter les pays européens. Mais aussi grande que soit la soif de guerre et l'obstination des parties, les nombreuses épreuves finissent par pousser le continent à la lassitude de la guerre. Néanmoins, il ne faut pas imaginer la paix comme un objectif tangible. Plusieurs années de négociations moroses, ponctuées de nouvelles batailles, se dressent sur le chemin d'une paix définitive.

OÙ TOUT A COMMENCÉ

Le premier espoir de mettre fin aux souffrances s'enflamme précisément sur le sol allemand, marqué plus que tout autre par la destruction violente de la guerre. C'est probablement pour cette raison que le premier pas vers un armistice européen a lieu ici. Aucune population n'est aussi épuisée que la population allemande. Le Saint Empire romain germanique n'est pas seulement le théâtre de ses propres conflits, mais aussi, depuis les derniers développements, celui des conflits entre la Suède, la France et l'Espagne.

Pour marquer le début d'une paix universelle, l'empereur Ferdinand II et l'électeur de Saxe Jean-Georges signent une paix à Prague. Auparavant, la Saxe avait été l'alliée de la Suède. Après la mort de leur roi, les princes-électeurs prennent leurs distances avec les Suédois. Johann Georg voulait donner une leçon militaire à l'empereur obstiné, mais l'électeur est réticent à l'idée d'un souverain étranger dans l'Empire. La mort de Gustave Adolf, avec qui il avait personnellement conclu l'alliance, sert de prétexte à Johann Georg pour la rompre. C'est pourquoi l'empereur et l'électeur se rapprochent et la paix est signée à Prague le 30 mai 1635. Ce qui est surprenant dans la paix de Prague, ce sont les circonstances innovantes pour l'époque, car bien que la paix ne soit signée qu'entre deux personnes, ce document important s'applique à l'ensemble de l'empire.

Il est vivement recommandé aux États protestants de l'Empire de reconnaître la paix. Ils sont nombreux à le faire. Pour la première fois depuis plusieurs décennies, les conflits entre les partis de l'Empire s'apaisent. La paix impériale est considérée comme rétablie. La nouvelle est diffusée dans toutes les directions par les médias imprimés et explique aux États impériaux et aux princes la légitimité de la paix. Des concessions sont faites tant du côté catholique que du côté protestant. Toutes les alliances spéciales sont dissoutes et les forces armées de l'Empire se rassemblent à nouveau derrière l'Empereur pour former une grande armée impériale.

Mais cela ne suffit pas. L'électeur de Saxe Jean-Georges, en particulier, s'efforce de convaincre les

Suédois de la paix de Prague, car la trêve leur est également proposée. Cependant, la situation a changé. Du fait de leur récent engagement avec la France anti-Habsbourg, les Suédois renoncent à adhérer à la paix de Prague. La paix universelle est ainsi rompue. Une nouvelle ère de guerre se déploie à partir des tensions entre la France et l'Espagne, qui devraient dépasser les proportions de la guerre précédente. L'Allemagne en particulier souffre de son utilisation impitoyable comme terrain de guerre.

ENTRE MEURTRES ET DÎNERS

La guerre dure encore cinq ans avant que la perspective d'une paix européenne ne se dessine. La période de guerre qui vient de s'ouvrir pousse l'Allemagne, en particulier, à l'épuisement. Les États et les princes de l'Empire demandent expressément à l'empereur de se joindre aux négociations de paix en cours. Avec la nouvelle armée impériale, il est venu à l'esprit de l'empereur Ferdinand III de penser qu'une victoire du Saint Empire romain germanique était encore possible. Il en va autrement des nobles sous sa couronne. Ils poussent l'empereur, à force de travail, à signer la paix préliminaire de Hambourg en 1641, ouvrant ainsi la porte à un nouveau chapitre de l'Europe, qui en a bien besoin. Sans les concessions de l'empereur pour faire la paix, la survie de toute la nation allemande, qui a déjà perdu la moitié de sa population, est menacée.

En 1644, les négociations de paix commencent à Osnabrück et à Münster, après que tous les représentants des belligérants sont enfin arrivés. Parmi eux, principalement l'empereur Ferdinand III, les princes et les États de l'Empire, la Suède, la France et même les Pays-Bas et l'Espagne.

A Osnabrück, l'empereur négocie principalement avec les Suédois et les évangélistes encore alliés, tandis qu'à Münster, il rencontre la France. Lorsque la paix est négociée, la guerre fait rage. La Suède, la France et l'Espagne, en particulier, tentent d'obtenir des gains en menant des batailles simultanées qui soutiennent leurs revendications et leurs points de vue dans les négociations. Les soldats continuent de mourir sur les champs de bataille et les citoyens doivent faire face au pillage et aux épidémies attirées par la décomposition, tandis que les représentants de leurs nations qui discutent s'installent dans des quartiers luxueux et mangent dans leur assiette avec de la vaisselle en or. Les négociations sont si somptueuses que presque toutes les nations s'endettent profondément. Il n'est donc pas surprenant que la corruption ne soit pas absente de la rencontre. Certaines exigences ne peuvent être acceptées qu'en échange d'une dot raisonnable.

Les états impériaux attendent de l'empereur qu'il rompe son alliance avec l'Espagne afin d'apaiser la France. L'Empire est effectivement en paix avec la Suède dès 1645, car sinon elle aurait occupé Dresde, ville impériale importante. L'Espagne accorde l'indépendance aux provinces néerlandaises en janvier 1648. Les décisions selon lesquelles toutes les confessions de l'Empire seront considérées comme égales à l'avenir sont également d'une importance particulière. L'homme d'État impérial Maximilien von und zu Trauttmansdorff, qui fait preuve d'une grande habileté dans la réconciliation et la médiation entre les nations, est d'une aide précieuse dans la rédaction du traité. Il ne se heurte qu'à l'Espagne.

Néanmoins, après plusieurs années de négociations de paix, au cours desquelles il ne faut pas sous-estimer l'ampleur toujours exorbitante de la guerre, la paix de Westphalie est signée le 24 octobre 1648, mettant officiellement fin à la guerre de Trente Ans. Ce n'est que neuf jours après l'accord que la dernière bataille sanglante en Bohême prend fin. La population européenne a failli sombrer dans la plus terrible catastrophe de son histoire.

Bien que la nouvelle de la conclusion de la paix soit une source de joie générale, la crainte d'une nouvelle guerre persiste longtemps. La guerre est officiellement terminée, mais tous les mercenaires sont restés dans le pays. Et si la population parle avec enthousiasme de la paix, la France montre moins d'euphorie. Mais les Bourbons sont aussi occupés par la guerre civile.

Mais qu'est-ce qui explique que, de guerre lasse, on s'affronte pendant 30 ans ? Après tout, les citoyens allemands ont plaidé pour la paix dès le début de la guerre. Et même les chefs militaires les plus efficaces, comme Wallenstein, ont rapidement fait preuve de pacifisme. L'un des problèmes fondamentaux des guerres passées est le concept de "paix honorable". Il ne s'agit pas, comme dans la conception actuelle, d'un armistice immédiat, mais de la négociation de ses propres intérêts politiques. La situation militairement viable était généralement d'une importance capitale. La paix peut être établie si la nation est théoriquement en mesure de déclencher une nouvelle guerre. Le fait que chaque nation ait sa propre idée d'une situation de départ militairement juste repousse l'accord sur la paix à plus tard. Ce n'est qu'en 1645, par exemple, que l'empereur, dont la population a subi le plus grand nombre de morts, peut être persuadé par Dresde et Vienne de revoir ses exigences à la baisse et de tenir compte des besoins des autres nations.

Les historiens portent aujourd'hui des jugements différents sur le traité de Westphalie. Ce que tous considèrent comme progressiste, c'est l'idée qu'il ne peut y avoir de souverain suprême en Europe. Le système multiétatique tel que nous le connaissons aujourd'hui est accepté. Mais on critique aussi le fait qu'il n'y ait pas eu de paix perpétuelle, comme cela avait été envisagé. L'Espagne et la France ont continué à se battre et les nations ne se sont pas montrées particulièrement tolérantes dans les années qui ont suivi. Néanmoins, nous retrouvons l'assemblée diplomatique comme un élément récurrent et marquant des futures négociations de paix, comme par exemple lors du Congrès de Vienne au début du XIXe siècle.

Ce qui reste

Pendant trois décennies, la guerre d'extermination a ravagé l'Europe, ne laissant derrière elle que de pâles souvenirs de réalités de vie à peu près pacifiques et familières. Que reste-t-il à une population qui a été témoin des heures les plus sombres de son existence ? Les conséquences de la guerre ont un effet dévastateur sur les générations d'alors et à venir.

Rien ne s'établit plus explicitement dans la guerre que l'omniprésence de la mort. Avant la guerre de Trente Ans, la vie au Moyen Âge est déjà à prendre avec des pincettes. Autrement dit, la mort n'est pas une nouveauté. Certes, les blessures peuvent déjà être bien soignées au XVIe siècle, mais lorsque la maladie a une cause que les médecins ne peuvent pas voir immédiatement, on se fie généralement à des méthodes de traitement religieuses. Il n'est donc pas étonnant qu'il y ait un taux de mortalité élevé parmi les personnes souffrant de maladies "invisibles". Mais ce nombre semble infime comparé aux effets de la guerre de Trente Ans. Sur l'ensemble de la population européenne, en particulier en Europe centrale, environ 40% sont victimes des conséquences de la guerre. Dans certaines régions, jusqu'à 70% de la population d'origine meurt.

Il en résulte un traumatisme collectif qui, dans certaines régions comme Magdebourg, se perpétue sur plusieurs générations. La dévastation qui en résulte est particulièrement évidente en Bohême. On estime qu'un millier de villages ont été incendiés. A cela s'ajoutent environ 250 châteaux et une centaine de villes. Les gens sont marqués par les horreurs dont ils sont témoins. Un rapport anglais de 1636 énumère entre autres les atrocités suivantes commises par les soldats : Outre le viol et le bûcher des sorcières, on trouve également l'écrasement du crâne, la suspension de personnes au-dessus d'un feu, le travail du visage au burin et au marteau ainsi que le Schwedentrunk. Ce dernier consiste à introduire dans la bouche de la victime un mélange de purin et d'excréments qui provoque de terribles brûlures dans l'estomac et dont l'issue est souvent fatale.

Des maisons démolies, des champs éradiqués jusqu'à la stérilité et des stocks usés contribuent à la crise pendant et après la guerre. La faim reste l'un des plus grands fléaux. En plus de la période glaciaire qui dure encore, les champs en friche empêchent la culture de denrées alimentaires de base. Des sources rapportent même que le cannibalisme se développe dans les zones les plus touchées.

Alors que la France et la Grande-Bretagne s'en sortent plutôt bien, l'Allemagne évolue difficilement. Contrairement aux grands États, le Reich met un siècle à se rétablir. Ce n'est que vers 1700 que la population augmente à nouveau. Mais même dans l'Empire, certains endroits ont profité de la guerre. Hambourg et Brême, par exemple, méritent de s'y ajouter, aux côtés de Strasbourg, de la Suisse et des Pays-Bas, en tant que refuges pour les fugitifs allemands. L'ensemble des routes commerciales d'Europe se focalisent davantage sur l'Ouest, où une vie meilleure est possible.

La guerre a également des conséquences sur la société d'ordres du Saint Empire romain germanique. La noblesse est particulièrement menacée. La noblesse perd du pouvoir et de l'autorité en raison de la disparition de la souveraineté et de la difficulté à protéger ses biens pendant la guerre. Les nobles protestants, en particulier, ont de plus en plus de mal à subvenir aux besoins de leur famille. La prise de conscience de la justice favorisée par le traité de Westphalie fait également en sorte que les nobles sont tenus à plus de bureaucratie qu'auparavant. Si les sujets commettent une injustice à l'encontre du seigneur, l'affaire doit d'abord faire l'objet d'un procès et ne peut pas être gérée par des menaces ou des sanctions aveugles comme auparavant. En outre, les nobles s'inquiètent de la nouvelle conscience de soi des paysans, liée à leur armement pendant la guerre. Les nobles se voient de plus en plus contraints d'entrer au service des princes. Ils deviennent ainsi plus dépendants et renforcent en même temps l'importance du statut de prince. Pour la cour impériale de Vienne en particulier, c'est un placement rentable. Elle octroie des territoires - généralement de l'Est, notamment de Bohême - à des nobles et s'assure ainsi une alliance économique solide. La cour impériale de Vienne est également l'une des rares à sortir de la guerre avec des bénéfices.

La vie à la campagne est encore plus déprimante. Bien que l'armement des paysans favorise une attitude plus indépendante et facilite l'acquisition d'une ferme pendant une courte période, la vie à la campagne reste ingrate et peu rentable. Cela est principalement dû au manque de terres cultivables. C'est pourquoi ils se réfugient dans les villes, où ils espèrent trouver un revenu de base raisonnable. Les violentes vagues d'épidémies, qui se propagent principalement dans les ruelles des rues, sont problématiques et rendent la vie plus difficile à la campagne. Cela ne facilite pas la décision de fuir la campagne pour la ville.

Les villes sont souvent surpeuplées en raison des
nombreux flux de réfugiés. Cela détruit les sys-
tèmes économiques établis en créant un surplus de
main-d'œuvre, tout en ne garantissant pas l'approvisionnement des nombreux nouveaux citoyens et
citoyennes.

L'ESPRIT DU DÉSASTRE

La guerre de Trente Ans reste longtemps ancrée
dans l'esprit des gens, les perturbant par des souvenirs terribles ou des inquiétudes quant à la re-
prise des conflits. *Memento mori* et *vanitas deviennent les* piliers de l'art et de la poésie baroques et
témoignent des impressions terrifiantes de la guerre de Trente Ans. Friedrich Schiller écrit également sur la catastrophe et écrit même une pièce de
théâtre sur Wallenstein. La guerre perpétue ses
horreurs dans l'esprit de la nation. L'historien Johannes Burkhardt l'appelle la "guerre des guerres".
Le poète Andreas Gryphius exprime toute sa cru-
auté dans les vers de ses "Larmes de la patrie", qui
inspirent le respect :

"A fait toute la sueur et le travail
et les provisions sont épuisées.
Les tours sont en feu,
L'église est retournée.
La salle du conseil est dans l'horreur,
Les cercueils sont déchirés.
Les jeunes filles sont violées
et où que nous regardions,
il y a le feu, la peste et la mort" ~ vers 1636/37

Conseil :

Les poèmes baroques témoignent souvent du souvenir de la mort. *Memento mori* signifie en quelque sorte "sois conscient de ta mortalité". *La vanitas* doit servir de rappel permanent de la décomposition terrestre.

Lisez des poèmes baroques. Vous rencontrerez certainement souvent la présence constante d'un sous-entendu sombre. Ils font partie de la culture du souvenir

1ère édition
Contact : Psiana eCom UG/ Berumer Str. 44/ 26844 Jemgum
Conception de la couverture : Fenna Larsson
Photo de couverture : depositphotos.com